エッセンシャル思考 ワークブック

1-2-3メソッド®を日々実行して
最少の時間で成果を最大にする

グレッグ・マキューン=著
高橋璃子=訳

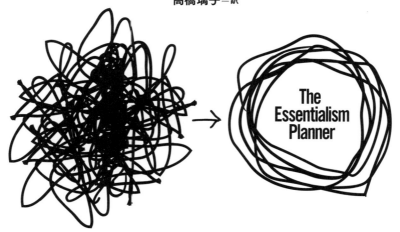

かんき出版

the essentialism planner
by
Greg McKeown

All rights reserved including the right of reproduction in whole or in part in any form.
No part of this book may be used or reproduced in any manner
for the purpose of training artificial intelligence technologies or systems.

This edition published by arrangement with Clarkson Potter/Publishers,
an imprint of the Crown Publishing Group, a division of Penguin Random House LLC,
through Japan UNI Agency, Inc., Tokyo

**エッセンシャル思考
ワークブック**

氏名

エッセンシャル思考ワークブック　目次

INTRODUCTION　6

エッセンシャル思考の道　10

90 日の進路を決めるオフサイトミーティング　12

EXPLORE：本質を見極める　14

ELIMINATE：不要なものを捨てる　18

EXECUTE：スムーズに実行できるしくみをつくる　22

エッセンシャル思考ワークブックの使い方　24

パワー・ハーフアワー　26

1-2-3 メソッド®　27

Week 1 のワーク　28

Week 1 の振り返り　42

Week 2 のワーク　44

Week 2 の振り返り　58

Week 3 のワーク　60

Week 3 の振り返り　74

Week 4 のワーク　76

Week 4 の振り返り　90

Week 5 のワーク　92

Week 5 の振り返り　106

Week 6 のワーク 108

Week 6 の振り返り 122

Week 7 のワーク 124

Week 7 の振り返り 138

Week 8 のワーク 140

Week 8 の振り返り 154

Week 9 のワーク 156

Week 9 の振り返り 170

Week 10 のワーク 172

Week 10 の振り返り 186

Week 11 のワーク 188

Week 11 の振り返り 202

Week 12 のワーク 204

Week 12 の振り返り 218

もっと知りたい人のために 222

本文デザイン・DTP／マーリンクレイン

INTRODUCTION

英国で過ごした子ども時代、父の車に乗せられて、よく道に迷ったのを覚えている。まだカーナビなど存在しない時代の話で、なんとも心細かった。気づけば同じ道を何度も回っている。時には文字通り、環状交差点をぐるぐると、どの方向に出るべきかわからず回りつづけることもあった。

今でこそ笑い話だが、車内の空気は耐えがたいほど張りつめていた。迷っているうちに日が暮れて、そのまま家に帰ったこともある——最後まで目的地を見つけられずに。

運転席に座る父が「よし、こっちで合ってるぞ！」と言い、車は怪しげな道を突き進んでいく。風景が淋しくなり、私は映画『プリンセス・ブライド・ストーリー』のイニゴ・モントーヤの台詞を思い浮かべる。

「さっきからそう言ってるが、あんたその言葉の意味を取り違えていないかい？」

おそらく幼少期のこうした体験のおかげで、私は人生の重要な洞察を得た。

この世には２種類の人間がいる。
道に迷っている人と、道に迷っていることを自覚している人だ。

私は後者でありたいと思う。自分がエッセンシャル思考を極めた人間だと言うつもりはない。それでも私は、１日のはじまりに、自分がふたたび迷っていると認めることができる。迷っていると自覚できれば、新たな気持ちで日々の仕事や責任に向き合える。

私もまだ、旅の途中だ。

たとえあなたが道に迷っているとしても、迷っている事実を自覚できたなら、何も問題はない。ときどき立ち止まって道を訊く必要はあるにせよ、きっと正しく目的地にたどり着ける。重要なのは、迷っているという現実を認めることだ。

自分が迷っていると認められない人は、そのまま迷いつづけるしかない。

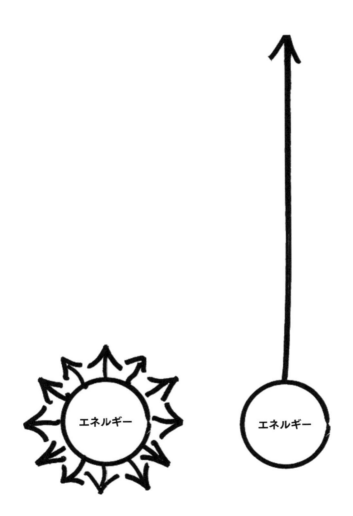

「こっちで合ってるぞ！」と間違った方向に突き進み、永遠に目的地にたどり着けない。

　後になって知ったのだが、飛行機でさえ、決められた軌道上をまっすぐ飛んでいるわけではないらしい。飛んでいる時間の9割は軌道を外れている。それでも目的地にたどり着けるのは、軌道からそれるたびに方向修正するからだ。本書の目的もそこにある。日々、自分の現在位置を確認し、エッセンシャルな軌道に戻ってくるためのワークブックである。

　人生は飛行機にも似て、つねに予期せぬ方向に振りまわされる。それでも、このワークブックを90日間実践すれば、目的地に向けてうまく軌道修正する技術が身につくはずだ。

　エッセンシャル思考ワークブックに取り組むとき、あなたは単に日々の計画を立てるのではなく、人生の方向性をデザインしている。新たなページに向き合うたびに立ち止まり、内省し、意図的に選択することを促されるだろう。いま取り組もうとしていることが本当に重要なのかどうか、再考を迫られるだろう。

　見極めと集中の実践に日々取り組むうちに、「より少なく、しかしより良く」の方向へ近づいていることに気づくはずだ。これは削減の道のりである。本質的でないものごとを削ぎ落としたとき、心を燃え立たせるような本当の目的地へ向かうための道が開ける。

　本書を手にしたあなたは、「多いほうがいい」という常識にあえて逆らう挑戦者コミュニティの一員だ。数多くの思想家、実行者、夢想家たちが、余剰を削ったシンプルさの側を選びとっている。少数に集中することの強みを知り、より少ない本質のなかに本当の豊かさがあると気づく喜びを広めている。

　このワークブックがあなたのガイドとなり、羅針盤となり、旅の仲間となることを願っている。日々あなたの本質へ戻ってこられるように、この複雑で美しい人生の舵を取る一助としてほしい。

「何もかもやらなくては」と
いう考え方をやめて、
断ることを覚えたとき、
本当に重要な仕事を
やりとげることが
可能になる。

——『エッセンシャル思考』p.20

エッセンシャル思考の道

相手の機嫌を損ねないためだけに依頼を引き受けていないだろうか。
イエスと言うことに慣れすぎて、思考停止していないだろうか?

忙しすぎてすり減っていると感じることはないだろうか。
つねに走りつづけているのに、
どこにもたどり着けないような気がしないだろうか?

ひとつでも思い当たることがあるなら、このワークブックを試してほしい。
「より少なく、しかしより良く」を計画的に追求するためのツールだ。

エッセンシャル思考は**「今、自分は正しいことに力を注いでいるか?」**をたえず問いつづける。そもそも私たちを取りまくチャンスや活動の大半は瑣末であり、本当に重要なことはめったにない。エッセンシャル思考になることは、その違いを見極められるようになるということだ。大多数の瑣末な選択肢をふるい落とし、きわめて少数の重要な行動だけを選びとるのだ。

エッセンシャル思考は、より多くをやりとげる技術ではない。正しいことをやりとげる技術だ。時間とエネルギーをもっとも効果的に配分し、重要な仕事で最大の成果を上げよう。

エッセンシャル思考ワークブックの実践

エッセンシャル思考は一夜にしてなるものではない。能動的に、日々選びとるものだ。

重要でないことに向かおうとする古い癖を手放し、エッセンシャルに考える習慣を脳に教え込むには、それなりに時間がかかる。どんな生活習慣でも同じだ。その手がかりとして、90日間、このワークブックを実践してほしい。

ただ計画を立てたり、タスク管理をするためではない。これからの90日間、あなたは重要でないことを手放し、最重要事項に集中する鍛錬を日々積み重

ねることになる。

　まず、この先 3 カ月のもっとも重要な目標を決める。そして日々の書き込み作業を通じて、邪魔なノイズを取りのぞき、本質に一歩一歩近づいていく。これを実践するうちに「全部やろう」という思考が消えて、最初は断りづらいと思った話にも「ノー」と言えるようになる。90 日のワークブックを終えたときには、本質的な目標を達成できているだろう。あるいは少なくとも、次のステップが完全に明確になっているはずだ。

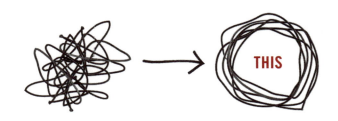

	非エッセンシャル思考	エッセンシャル思考
考え方	みんな・すべて やらなくては どれも大事だ 全部つめこむには？	より少なく、しかしより良く これをやろう 大事なことは少ない 何を捨てるべきか？
行動	やることをでたらめに増やす 差し迫ったものからやる 反射的に「やります」と言う 期限が迫ると根性でがんばる	やることを計画的に減らす 本当に重要なことを見極める 大事なこと以外は断る あらかじめ障害を取り除いておく
結果	停滞と無力感 振りまわされている 何かがおかしい 疲れきっている	達成と充実感 コントロールできている 正しいことをやっている 毎日を楽しんでいる

90日の
進路を決める
オフサイトミーティング

2：捨てる

正しく
「減らす」技術

1：見極める

3：しくみ化する

このサイクルを
回しつづける

これからの90日間を有意義なものにするために、自分ひとりのオフサイトミーティングを開催しよう。いま何が起こっているのか、なぜそれが重要なのか、次は何に注力すべきかを見極めるための時間だ。

多忙な日々のなかで、会議から会議へと振りまわされていると、どんなに優秀な人でも優先順位を見失いがちになる。そのような日々のリズムに休止符を打ち、静かに自分に向き合う時間をつくるのがオフサイトミーティングの目的だ。

90日ごとに1日、どこか静かな場所へ行き、スマホやメールを遮断する。日常を離れ、誰にも邪魔されない環境で、本当に重要なことをじっくりと内省しよう。

もしも丸1日の休みがとれなければ、週末の数時間でもかまわない。

次の3つの問いと向き合ってみよう。

1：重要なのに、注力できていないことは何か？
2：重要でないのに、力を入れすぎていることは何か？
3：最重要事項をエフォートレスに実行するためにはどうすればいいか？

定期的に時間をとってこれらの戦略的問いに向き合わなければ、私たちは人生の主導権を他人に委ねることになる。風向きにくるくると振りまわされる、無力な存在になってしまう。

次ページからのワークシートを使って、自分だけのオフサイトミーティングに取り組んでほしい。このセクションを終える頃には、90日後にどこにいたいのか、重要な目標が明確になっているはずだ。

EXPLORE：本質を見極める

▶ 自分にとって重要なのに、注力できていないことは何か？

▶ なぜそれは、あなたにとって重要なのか？

● それはなぜか？

● それはなぜか？

● それはなぜか？

● それはなぜか？

▶ 90日間で成功した自分を思い浮かべよう。それはどんな状態だろうか？

▶ それを実現するには、週に何時間／何分間の行動が必要か？

ELIMINATE：不要なものを捨てる

▶ あまり重要でないのに、時間をかけすぎていることは何か？

▶ なぜあなたは、それらの活動に時間を割いてしまうのだろうか？

● それはなぜか？

● それはなぜか？

● それはなぜか？

● それはなぜか？

▶ 過去90日間で、それらの活動に費やした時間はどれくらいだったか？

▶ あなたはそのために何を失っているか？（金銭・感情・思考のコスト）

EXECUTE : スムーズに実行できるしくみをつくる

▶ 重要なことを実現するために、誰に相談する必要があるか？

▶ 相手が今、もっとも重要だと考えていることは何か？

▶ どうすれば双方にとってウィンウィンの状況をつくれるか？

▶ 相手の立場で考えたとき、あなたの望みをどのように伝えられるだろうか？

エッセンシャル思考
ワークブックの使い方

MONDAY ___/___   **Week 1 のワーク**

WHAT?   何が起こっているか？

_____

_____

_____

_____

_____

_____

SO WHAT?   それは何を意味しているのか？

_____

_____

_____

_____

**自分で優先順位を決めなければ、
他人の言いなりになってしまう。**
──『エッセンシャル思考』p.27

NOW WHAT? 今、何をするべきか？

1：重要なプロジェクト（1つ）

- _____

2：緊急かつ重要なタスク（2つ）

- _____

- _____

3：日々のメンテナンス項目（3つ）

- _____

- _____

- _____

その他のタスク/備考

- _____

- _____

- _____

- _____

- _____

- _____

- _____

- _____

パワー・ハーフアワー

　現代の世の中には、ノイズがあまりにも多すぎる。

　騒音という意味でのノイズだけではない。つねに私たちの注意を引こうとするデジタル機器の誘惑、頭のなかの雑念、他者との相互理解を妨げる感情的ノイズ。この騒然とした世界で自分の力を最大限に発揮するためには、**ノイズを遮断してシグナルを聞きとる技術が不可欠だ。**

　そこで登場するのが「パワー・ハーフアワー[*]」である。1日の始まりに30分の時間を確保し、ワークブックに取り組もう。30分の濃密な集中により、思考が整理され、心が澄みわたり、複雑な問題に対する深い洞察を得ることができる。本当に重要なことに集中するための時間であり、とくに難しい決断に直面したときや、事態の核心を把握したいときに有効だ。

　次のシンプルな構造を用いて、あなたの人生に起こっていることを整理し、思考を深め、望ましい形に構築しよう。

WHAT? —— 何が起こっているか？

現在進行している重要なプロジェクトやタスク、役割などをリストアップする。多忙すぎて何から手をつけていいかわからない場合は、自分が追求したい分野をひとつ選ぶといい。たとえば仕事の課題、個人的な決断、哲学的な問いなどである。

SO WHAT? —— それは何を意味しているのか？

これは点と点を繋げるための質問だ。いま起こっていることは、どんな意味を持つのだろうか。ジャーナリストになったつもりで、自分の状況を記事にしてみよう。トップニュースは何か？　それを端的に伝える見出しは何か？　たとえば、私があるとき書いた見出しは「かなり圧倒されている、一息つこう」だった。別のときは「行動あるのみ」だった。やるべきことが明確で、それを実行すべきタイミングだったからだ。

NOW WHAT? —— 今、何をするべきか？

重要なことを特定し、その意味を理解したら、今日1日の行動をデザインしよう。次ページの1-2-3メソッド®は、それを簡単におこなうための強力な助けになる。

---

[*]パワー・ハーフアワーのあいだは、メールやチャット、その他アプリの通知をオフにして、邪魔が入らない状態にしよう。テクノロジーを遮断すれば、日々のノイズに呑み込まれず、内省を深めることができる。

1-2-3 メソッド®

自分が人生を動かすのでなく、人生に振りまわされていると感じることはないだろうか。

人生は往々にして、反射神経が試されるゲームのようだ。ひとつのタスクから次のタスクへと飛び移り、せわしなく行き来しながらゴールをめざす。もっとスケジュールを最適化し、無駄な時間を削減し、マルチタスクをこなせば、いつかすべてが達成できるはずだと信じてみんな頑張っている。

だが実際のところ、そんな離れ業ができる人はどこにもいない。

より少ない時間でより多くのことをこなそうとしても、何も解決しない。逆説的だが、答えは「より少ないこと」を「より良く」おこなうことにある。

人生のさまざまな要求を明確に把握し、優先順位をつけることができれば、秩序のあるリズムが生まれる。日々をコントロールしやすくなり、自分の行きたい方向へ人生を動かしていくことが可能になる。

1-2-3 メソッド®は、「今、何をするべきか?」という問いに答えるための道具だ。1 日の主導権を取り戻し、緊急の課題と重要な目標の複雑な舵取りをいとも簡単にできるようになる。一見シンプルだが、その効果は絶大だ。

このワークブックでは、1-2-3 メソッド®を毎日実行する。

1 重要なプロジェクトを1つ決めて、3時間とりくむ。これが今日の最優先事項である

2 緊急かつ重要なタスクを2つ、片づけておく

3 問題を未然に防ぎ、日々を順調に回すためのメンテナンス項目を3つこなす

日々のリズムと意思決定の重みは、明確な優先順位にかかっている。それ自体は実にシンプルだ。とはいえ、現代の生活はあまりに多くの要求に満ちているため、緊急なことと重要なことを同時にこなさなければならない場合も多い。複雑なやりくりが必要だが、1-2-3 メソッド®を使えば苦労なく、スムーズにやりとげることが可能になる。

パワー・ハーフアワーについてさらに詳しく知りたい人は、著者のポッドキャスト第233回を参照してほしい。
また1-2-3 メソッド®については、第225回で詳しく説明している。

MONDAY ＿／＿

Week 1 のワーク

WHAT? 何が起こっているか？

_____

_____

_____

_____

_____

_____

SO WHAT? それは何を意味しているのか？

_____

_____

_____

_____

自分で優先順位を決めなければ、他人の言いなりになってしまう。

──『エッセンシャル思考』p.27

NOW WHAT? 今、何をするべきか？

1：重要なプロジェクト（1つ）

- _____

2：緊急かつ重要なタスク（2つ）

- _____

- _____

3：日々のメンテナンス項目（3つ）

- _____

- _____

- _____

その他のタスク/備考

- _____

- _____

- _____

- _____

- _____

- _____

- _____

- _____

TUESDAY ＿＿ / ＿＿

WHAT? 何が起こっているか？

SO WHAT? それは何を意味しているのか？

【 今日のチャレンジ 】

非エッセンシャル思考の人は、選ぶ力を奪われている。
エッセンシャル思考の人は、選ぶ力を行使する。
今日1日、「やらなくては」という言葉が頭に浮かんだら、
「これをやろう」と言いかえてみよう。
——『エッセンシャル思考』p.57

NOW WHAT? 今、何をするべきか？

1：重要なプロジェクト（1つ）

- _____

2：緊急かつ重要なタスク（2つ）

- _____

- _____

3：日々のメンテナンス項目（3つ）

- _____

- _____

- _____

その他のタスク/備考

- _____

- _____

- _____

- _____

- _____

- _____

- _____

- _____

WEDNESDAY ___ /___

WHAT? 何が起こっているか？

SO WHAT? それは何を意味しているのか？

完璧主義や自信のなさは、
大事なことに取りかかるのを遅らせ、
正しいタイミングで終わらせることを難しくする。
必要以上に仕事を増やして無理なスケジュールを
立ててしまい、正しいペースがつかめなくなる。

──『エフォートレス思考』p.31

NOW WHAT? 今、何をするべきか？

1：重要なプロジェクト（1つ）

- _____

2：緊急かつ重要なタスク（2つ）

- _____

- _____

3：日々のメンテナンス項目（3つ）

- _____

- _____

- _____

その他のタスク/備考

- _____

- _____

- _____

- _____

- _____

- _____

- _____

- _____

THURSDAY ＿＿ / ＿＿

WHAT?　何が起こっているか？

_____

_____

_____

_____

_____

_____

_____

SO WHAT?　それは何を意味しているのか？

_____

_____

_____

_____

【 今日のチャレンジ 】

これから7日間でひとつだけ、小さな変化を起こしてみよう。その変化は日々にどう
影響するだろうか。それはあなたにとってどんな意味を持つだろうか。

——1分間ニュースレター

NOW WHAT?　今、何をするべきか？

1：重要なプロジェクト（1つ）

- _____

2：緊急かつ重要なタスク（2つ）

- _____

- _____

3：日々のメンテナンス項目（3つ）

- _____

- _____

- _____

その他のタスク/備考

- _____

- _____

- _____

- _____

- _____

- _____

- _____

- _____

FRIDAY ___ / ___

WHAT? 何が起こっているか？

SO WHAT? それは何を意味しているのか？

**できるだけ小さくはじめよう。
小さな時間を区切り、小さな余白を確保する。
散歩に行き、日常を離れる。これを繰り返して、
思考するためのスペースを手に入れよう。**

——1分間ニュースレター

NOW WHAT?　今、何をするべきか？

1：重要なプロジェクト（1つ）

- _____

2：緊急かつ重要なタスク（2つ）

- _____

- _____

3：日々のメンテナンス項目（3つ）

- _____

- _____

- _____

その他のタスク/備考

- _____

- _____

- _____

- _____

- _____

- _____

- _____

- _____

SATURDAY ___ /___

WHAT? 何が起こっているか？

_____

_____

_____

_____

_____

_____

_____

SO WHAT? それは何を意味しているのか？

_____

_____

_____

_____

【 今日のチャレンジ 】

自分の行動に注意を払い、次の問いを意識してほしい。

● 身近で大事な人とのつきあいよりも、遠く離れた他人とのコネクションを優先することがどれくらい頻繁にあるだろうか？

今すぐ行動の変化を起こす必要はない。ただ観察してみよう。

——1分間ニュースレター

NOW WHAT?　今、何をするべきか？

1：重要なプロジェクト（1つ）

- _____

2：緊急かつ重要なタスク（2つ）

- _____

- _____

3：日々のメンテナンス項目（3つ）

- _____

- _____

- _____

その他のタスク/備考

- _____

- _____

- _____

- _____

- _____

- _____

- _____

- _____

SUNDAY ___ / ___

WHAT? 何が起こっているか？

SO WHAT? それは何を意味しているのか？

もしも忙しいことが有能の証しでなくなったら
どうだろう。そのかわりにじっくりと話を聞き、思索し、
心を静め、大切な人たちと時間を過ごすことが
評価されるようになったら？

──『エッセンシャル思考』p.47

NOW WHAT? 今、何をするべきか？

1：重要なプロジェクト（1つ）

- _____

2：緊急かつ重要なタスク（2つ）

- _____

- _____

3：日々のメンテナンス項目（3つ）

- _____

- _____

- _____

その他のタスク/備考

- _____

- _____

- _____

- _____

- _____

- _____

- _____

- _____

Week 1 の振り返り
REFLECTION

ステップ **1**
ラディカルな感謝を実践する

1週間を振り返って、感謝すべきことを5つ書きだそう
（厳しい状況にも、あえて感謝してみよう）

- _____
- _____
- _____
- _____
- _____

ステップ **2**
今後の予定をプレビューする

カレンダーを見て、
この先1週間の主要な予定を書きだそう

- _____
- _____
- _____
- _____
- _____

ステップ 3

意図的に投資し、冷静に手を引く

もっと注力するべき重要な
分野は何か？

- _____
- _____
- _____

リソースを費やしすぎている
分野は何か？

- _____
- _____
- _____

ステップ 4

来週の目標を決める

これから1週間で達成したい
重要な目標を3つ、決定しよう

- _____
- _____
- _____

MONDAY ___/___　　**Week 2 のワーク**

WHAT?　何が起こっているか？

_____

_____

_____

_____

_____

_____

_____

SO WHAT?　それは何を意味しているのか？

_____

_____

_____

_____

本質的な目標を見失うと、他人の目ばかり
気にしてしまう。いい車に乗り、きれいな家に住み、
SNSのフォロワー数を増やすことに夢中になる。
その一方で、大切な人と過ごす時間が削られ、
心も体もないがしろにされていく。

——『エッセンシャル思考』p.154

44

NOW WHAT? 今、何をするべきか？

1：重要なプロジェクト（1つ）

- _____

2：緊急かつ重要なタスク（2つ）

- _____

- _____

3：日々のメンテナンス項目（3つ）

- _____

- _____

- _____

その他のタスク/備考

- _____

- _____

- _____

- _____

- _____

- _____

- _____

- _____

TUESDAY ___ / ___

WHAT?　何が起こっているか？

_____

_____

_____

_____

_____

_____

_____

SO WHAT?　それは何を意味しているのか？

_____

_____

_____

_____

【 今日のチャレンジ 】

正しい習慣を自動化すると、日々の生活がエッセンシャルになる。しかし自動化は、
悪い方向にはたらくこともある（例：もう使わないのに月額を払いつづけている
サブスクリプション）。自分の生活を点検し、悪い自動化をひとつ見つけて停止しよう。

──1分間ニュースレター

NOW WHAT? 今、何をするべきか？

1：重要なプロジェクト（1つ）

- _____

2：緊急かつ重要なタスク（2つ）

- _____

- _____

3：日々のメンテナンス項目（3つ）

- _____

- _____

- _____

その他のタスク/備考

- _____

- _____

- _____

- _____

- _____

- _____

- _____

- _____

WEDNESDAY ___ /___

WHAT? 何が起こっているか?

_____

_____

_____

_____

_____

_____

SO WHAT? それは何を意味しているのか?

_____

_____

_____

_____

**エッセンシャル思考は、自分の選択を自分の手に
取り戻すための道のりだ。それはあなたに、
これまでとはくらべものにならないほどの成功と
充実感を与えてくれる。結果だけでなく、
日々のプロセスを心から楽しめるようになる。**

──『エッセンシャル思考』p.24

NOW WHAT? 今、何をするべきか？

1：重要なプロジェクト（1つ）

- _____

2：緊急かつ重要なタスク（2つ）

- _____

- _____

3：日々のメンテナンス項目（3つ）

- _____

- _____

- _____

その他のタスク/備考

- _____

- _____

- _____

- _____

- _____

- _____

- _____

- _____

THURSDAY ＿＿ / ＿＿

WHAT? 何が起こっているか？

SO WHAT? それは何を意味しているのか？

【 **今日のチャレンジ** 】

最重要事項について考える時間をとると、1日の過ごし方が変わる。それを毎日つづければ、人生が変わる。

- 1日の始まりに10分間だけ時間を確保し、今日やるべき重要なことをリストにして書きだそう
- そのリストに優先順位をつけて、つねに参照しながら行動しよう
- 1日の終わりに、どれだけできたかを振り返ろう

――1分間ニュースレター

NOW WHAT? 今、何をするべきか？

1：重要なプロジェクト（1つ）

- _____

2：緊急かつ重要なタスク（2つ）

- _____

- _____

3：日々のメンテナンス項目（3つ）

- _____

- _____

- _____

その他のタスク/備考

- _____

- _____

- _____

- _____

- _____

- _____

- _____

- _____

FRIDAY ___ / ___

WHAT?　何が起こっているか?

SO WHAT?　それは何を意味しているのか?

**エッセンシャル思考とは、まさに
「より少なく、しかしより良く」を追求する生き方だ。
ときどき思い出したようにやるだけでは、
エッセンシャル思考とは言えない。
規律ある追求が必要だ。**

――『エッセンシャル思考』p.21

NOW WHAT? 今、何をするべきか？

1：重要なプロジェクト（1つ）

- _____

2：緊急かつ重要なタスク（2つ）

- _____

- _____

3：日々のメンテナンス項目（3つ）

- _____

- _____

- _____

その他のタスク/備考

- _____

- _____

- _____

- _____

- _____

- _____

- _____

- _____

SATURDAY ＿＿ / ＿＿

WHAT?　何が起こっているか？

_____

_____

_____

_____

_____

_____

SO WHAT?　それは何を意味しているのか？

_____

_____

_____

_____

【 今日のチャレンジ 】

離れて暮らす家族や友人とつながることは、かつてないほど簡単になった。
それなのに多くの人が、これまで以上に孤立を感じている。孤立を減らすための鍵は、
社会的交流を増やすことではなく、その質を高めることだ。
あなたの人生にとって本当に大切な人をひとり思い浮かべて、
今から連絡をとってみよう。おたがいの人生がより良いものになるはずだ。

──1分間ニュースレター

NOW WHAT? 今、何をするべきか？

1：重要なプロジェクト（1つ）

- _____

2：緊急かつ重要なタスク（2つ）

- _____

- _____

3：日々のメンテナンス項目（3つ）

- _____

- _____

- _____

その他のタスク/備考

- _____

- _____

- _____

- _____

- _____

- _____

- _____

- _____

SUNDAY ___ / ___

WHAT?　何が起こっているか？

_____

_____

_____

_____

_____

_____

SO WHAT?　それは何を意味しているのか？

_____

_____

_____

_____

遊びは、それ自体を目的とした行動だ。一見無駄の
ようにも思えるが、実は遊びこそが、人間にとって
不可欠な行動なのだ。6000人を対象にした調査によると、
遊びは人間のさまざまな面によい影響を及ぼす。
遊ぶと体が健康になり、人間関係が改善され、
学習が促進され、イノベーションが起こしやすくなる。
──『エッセンシャル思考』p.111

NOW WHAT? 今、何をするべきか？

1：重要なプロジェクト（1つ）

- _____

2：緊急かつ重要なタスク（2つ）

- _____
- _____

3：日々のメンテナンス項目（3つ）

- _____
- _____
- _____

その他のタスク/備考

- _____
- _____
- _____
- _____
- _____
- _____
- _____
- _____

Week 2 の振り返り
REFLECTION

ステップ 1
ラディカルな感謝を実践する

1週間を振り返って、感謝すべきことを5つ書きだそう
（厳しい状況にも、あえて感謝してみよう）

- _____

- _____

- _____

- _____

- _____

ステップ 2
今後の予定をプレビューする

カレンダーを見て、
この先1週間の主要な予定を書きだそう

- _____

- _____

- _____

- _____

- _____

ステップ 3

意図的に投資し、冷静に手を引く

もっと注力するべき重要な
分野は何か？

- _____

- _____

- _____

リソースを費やしすぎている
分野は何か？

- _____

- _____

- _____

ステップ 4

来週の目標を決める

これから1週間で達成したい
重要な目標を3つ、決定しよう

- _____

- _____

- _____

MONDAY ___ / ___

Week 3 のワーク

WHAT?　何が起こっているか？

_____

_____

_____

_____

_____

_____

SO WHAT?　それは何を意味しているのか？

_____

_____

_____

_____

絶対にイエスだと言いきれないなら、それはすなわちノーである。

──『エッセンシャル思考』p.140

NOW WHAT? 今、何をするべきか？

1: 重要なプロジェクト（1つ）

- _____

2: 緊急かつ重要なタスク（2つ）

- _____

- _____

3: 日々のメンテナンス項目（3つ）

- _____

- _____

- _____

その他のタスク/備考

- _____

- _____

- _____

- _____

- _____

- _____

- _____

- _____

TUESDAY ___ /___

WHAT? 何が起こっているか？

_____

_____

_____

_____

_____

_____

_____

SO WHAT? それは何を意味しているのか？

_____

_____

_____

_____

_____

【 今日のチャレンジ 】

賛成と反対のあいだには余白が存在する。
その余白こそが、他者との相互理解を可能にしてくれる。
今日1日は、賛成か反対かを明確に主張するのを控えよう。
そのかわりに、賛成か反対かを主張するスタンスで会話に臨んでいないかどうか、
自分の態度をチェックしてみよう。

──グレッグ・マキューン・ポッドキャスト、エピソード231

NOW WHAT? 今、何をするべきか？

1：重要なプロジェクト（1つ）

- _____

2：緊急かつ重要なタスク（2つ）

- _____

- _____

3：日々のメンテナンス項目（3つ）

- _____

- _____

- _____

その他のタスク/備考

- _____

- _____

- _____

- _____

- _____

- _____

- _____

- _____

WEDNESDAY ___ / ___

WHAT? 何が起こっているか？

SO WHAT? それは何を意味しているのか？

人間のモチベーションに対して何よりも効果的なのは
「前に進んでいる」という感覚である。
小さくても前進しているという手ごたえがあれば、
未来の成功を信じられる。進みつづける力になる。
──『エッセンシャル思考』p.246

NOW WHAT?　今、何をするべきか？

1：重要なプロジェクト（1つ）

- _____

2：緊急かつ重要なタスク（2つ）

- _____

- _____

3：日々のメンテナンス項目（3つ）

- _____

- _____

- _____

その他のタスク/備考

- _____

- _____

- _____

- _____

- _____

- _____

- _____

- _____

THURSDAY ___ / ___

WHAT? 何が起こっているか？

_____

_____

_____

_____

_____

_____

SO WHAT? それは何を意味しているのか？

_____

_____

_____

_____

【 今日のチャレンジ 】

行動を自動化すると楽になる（たとえば請求書払いよりも、
自動引き落としのほうが手間がかからない）。
自分の生活のなかで、繰り返し発生する処理を自動化してみよう。

- 日々何度も判断を求められることは何か？
- どのように進めるのが望ましいか？
- どうすればそれを自動化できるか？

——1分間ニュースレター

NOW WHAT? 今、何をするべきか？

1：重要なプロジェクト（1つ）

- _____

2：緊急かつ重要なタスク（2つ）

- _____

- _____

3：日々のメンテナンス項目（3つ）

- _____

- _____

- _____

その他のタスク/備考

- _____

- _____

- _____

- _____

- _____

- _____

- _____

- _____

FRIDAY ___ /___

WHAT?　何が起こっているか？

SO WHAT?　それは何を意味しているのか？

**失敗を認めるのは恥ずかしいことではない。
失敗を認めるということは、
自分が以前よりも賢くなったことを意味するのだから。**

──『エッセンシャル思考』p.187

NOW WHAT? 今、何をするべきか？

1：重要なプロジェクト（1つ）

- _____

2：緊急かつ重要なタスク（2つ）

- _____

- _____

3：日々のメンテナンス項目（3つ）

- _____

- _____

- _____

その他のタスク/備考

- _____

- _____

- _____

- _____

- _____

- _____

- _____

- _____

SATURDAY ＿＿／＿＿

WHAT? 何が起こっているか？

＿＿＿＿＿＿＿＿＿＿＿＿＿＿＿＿＿＿＿＿＿＿＿＿＿＿＿＿＿＿＿＿＿＿

＿＿＿＿＿＿＿＿＿＿＿＿＿＿＿＿＿＿＿＿＿＿＿＿＿＿＿＿＿＿＿＿＿＿

＿＿＿＿＿＿＿＿＿＿＿＿＿＿＿＿＿＿＿＿＿＿＿＿＿＿＿＿＿＿＿＿＿＿

＿＿＿＿＿＿＿＿＿＿＿＿＿＿＿＿＿＿＿＿＿＿＿＿＿＿＿＿＿＿＿＿＿＿

＿＿＿＿＿＿＿＿＿＿＿＿＿＿＿＿＿＿＿＿＿＿＿＿＿＿＿＿＿＿＿＿＿＿

＿＿＿＿＿＿＿＿＿＿＿＿＿＿＿＿＿＿＿＿＿＿＿＿＿＿＿＿＿＿＿＿＿＿

SO WHAT? それは何を意味しているのか？

＿＿＿＿＿＿＿＿＿＿＿＿＿＿＿＿＿＿＿＿＿＿＿＿＿＿＿＿＿＿＿＿＿＿

＿＿＿＿＿＿＿＿＿＿＿＿＿＿＿＿＿＿＿＿＿＿＿＿＿＿＿＿＿＿＿＿＿＿

＿＿＿＿＿＿＿＿＿＿＿＿＿＿＿＿＿＿＿＿＿＿＿＿＿＿＿＿＿＿＿＿＿＿

＿＿＿＿＿＿＿＿＿＿＿＿＿＿＿＿＿＿＿＿＿＿＿＿＿＿＿＿＿＿＿＿＿＿

【 今日のチャレンジ 】

もしも少ない努力のほうが、全力でやるよりも効果的だとしたらどうだろう？
110%の力で頑張らなければならないと感じる仕事や活動をリストアップして、
その努力を85%に減らしたらどうなるかを具体的に想像しよう。
85%ルールを受け入れるために、
どのようなマインドセットの変化が必要になるだろうか？

――グレッグ・マキューン・ポッドキャスト、エピソード258

NOW WHAT? 今、何をするべきか？

1：重要なプロジェクト（1つ）

- _____

2：緊急かつ重要なタスク（2つ）

- _____

- _____

3：日々のメンテナンス項目（3つ）

- _____

- _____

- _____

その他のタスク/備考

- _____

- _____

- _____

- _____

- _____

- _____

- _____

- _____

SUNDAY ___ /___

WHAT? 何が起こっているか？

_____

_____

_____

_____

_____

_____

SO WHAT? それは何を意味しているのか？

_____

_____

_____

_____

読書は、この世でもっともレバレッジの高い活動だ。
1日の労働時間と
ほぼ同じ長さの時間（と数ドルの費用）で、
おそろしく賢い人々の発見や知恵にアクセスできる。

――『エフォートレス思考』p.215

NOW WHAT? 今、何をするべきか？

1：重要なプロジェクト（1つ）

- _____

2：緊急かつ重要なタスク（2つ）

- _____

- _____

3：日々のメンテナンス項目（3つ）

- _____

- _____

- _____

その他のタスク/備考

- _____

- _____

- _____

- _____

- _____

- _____

- _____

- _____

Week 3 の振り返り
REFLECTION

ステップ **1**
ラディカルな感謝を実践する

1週間を振り返って、感謝すべきことを5つ書きだそう
（厳しい状況にも、あえて感謝してみよう）

- _____

- _____

- _____

- _____

- _____

ステップ **2**
今後の予定をプレビューする

カレンダーを見て、
この先1週間の主要な予定を書きだそう

- _____

- _____

- _____

- _____

- _____

ステップ 3

意図的に投資し、冷静に手を引く

もっと注力するべき重要な
分野は何か？

リソースを費やしすぎている
分野は何か？

- _____
- _____
- _____

- _____
- _____
- _____

ステップ 4

来週の目標を決める

これから1週間で達成したい
重要な目標を3つ、決定しよう

- _____
- _____
- _____

MONDAY ___ / ___

Week 4 のワーク

WHAT? 何が起こっているか？

SO WHAT? それは何を意味しているのか？

**非エッセンシャル思考の人は、
大多数のものごとが重要だと考える。
エッセンシャル思考の人は、
大多数のものごとが不要だと考える。**

——『エッセンシャル思考』p.64-65

NOW WHAT?　今、何をするべきか？

1：重要なプロジェクト（1つ）

- _____

2：緊急かつ重要なタスク（2つ）

- _____

- _____

3：日々のメンテナンス項目（3つ）

- _____

- _____

- _____

その他のタスク/備考

- _____

- _____

- _____

- _____

- _____

- _____

- _____

- _____

TUESDAY ＿＿ / ＿＿

WHAT? 何が起こっているか？

SO WHAT? それは何を意味しているのか？

【 今日のチャレンジ 】

どんな組織においても、トップパフォーマーの特徴は忙しさではなく、重要なことに集中する能力、そしてそれを着実にやりつづける能力にある。次の3つを実践しよう。

1：最優先事項を明確にする ── 仕事や生活の領域で、もっとも重要なものは何か？
2：それが重要な理由を明確にする ── なぜそれを重視すべきなのか？
3：周囲の人に伝える ──「これが私の最優先プロジェクトです。なぜ重要かというと、以下の理由によります」

──1分間ニュースレター

NOW WHAT? 今、何をするべきか？

1：重要なプロジェクト（1つ）

- _____

2：緊急かつ重要なタスク（2つ）

- _____

- _____

3：日々のメンテナンス項目（3つ）

- _____

- _____

- _____

その他のタスク/備考

- _____

- _____

- _____

- _____

- _____

- _____

- _____

- _____

WEDNESDAY ___ /___

WHAT? 何が起こっているか？

SO WHAT? それは何を意味しているのか？

**自分の意思で選べない人は、
他人の言いなりになるしかない。**
——『エッセンシャル思考』p.35

NOW WHAT? 今、何をするべきか？

1：重要なプロジェクト（1つ）

- _____

2：緊急かつ重要なタスク（2つ）

- _____

- _____

3：日々のメンテナンス項目（3つ）

- _____

- _____

- _____

その他のタスク/備考

- _____

- _____

- _____

- _____

- _____

- _____

- _____

- _____

THURSDAY ＿＿／＿＿

WHAT? 何が起こっているか？

_____

_____

_____

_____

_____

_____

SO WHAT? それは何を意味しているのか？

_____

_____

_____

_____

【 今日のチャレンジ 】

飛躍的な結果を出すためには、
「まだ行ける」という状態で立ち止まる勇気が不可欠だ。
「X以上はやるが、Y以上はやらない」というシンプルなルールで、
1日の進捗の上限と下限を設定しよう。
適切な範囲を見つければ、安定したリズムが生まれる。
リズムに乗れば、進捗はスムーズに流れだし、エフォートレスに成果が出せる。

——1分間ニュースレター

NOW WHAT? 今、何をするべきか？

1：重要なプロジェクト（1つ）

- _____

2：緊急かつ重要なタスク（2つ）

- _____

- _____

3：日々のメンテナンス項目（3つ）

- _____

- _____

- _____

その他のタスク/備考

- _____

- _____

- _____

- _____

- _____

- _____

- _____

- _____

FRIDAY ___ / ___

WHAT? 何が起こっているか？

_____

_____

_____

_____

_____

_____

SO WHAT? それは何を意味しているのか？

_____

_____

_____

_____

エッセンシャル思考は、より多くのことをやりとげる
技術ではない。正しいことをやりとげる技術だ。
自分の時間とエネルギーをもっとも効果的に配分し、
重要な仕事で最大の成果を上げるのが、
エッセンシャル思考の狙いである。

――『エッセンシャル思考』p.22

NOW WHAT?　今、何をするべきか？

1：重要なプロジェクト（1つ）

- _____

2：緊急かつ重要なタスク（2つ）

- _____

- _____

3：日々のメンテナンス項目（3つ）

- _____

- _____

- _____

その他のタスク/備考

- _____

- _____

- _____

- _____

- _____

- _____

- _____

- _____

SATURDAY ＿＿ /＿＿

WHAT? 何が起こっているか？

_____

_____

_____

_____

_____

_____

SO WHAT? それは何を意味しているのか？

_____

_____

_____

_____

【 今日のチャレンジ 】

「仕事をシンプルにしよう」と言われると、多くの人は間違った方向から手をつける。
複雑なものから始めて、いかに手順を減らすかを考えるのだ。
そのかわりに、逆方向からのシンプル化を試してほしい。
ゼロから始めて、最小限必要な手順だけを追加しよう。

——1分間ニュースレター

NOW WHAT? 今、何をするべきか？

1：重要なプロジェクト（1つ）

- _____

2：緊急かつ重要なタスク（2つ）

- _____

- _____

3：日々のメンテナンス項目（3つ）

- _____

- _____

- _____

その他のタスク/備考

- _____

- _____

- _____

- _____

- _____

- _____

- _____

- _____

SUNDAY ＿＿ / ＿＿

WHAT?　何が起こっているか？

_____

_____

_____

_____

_____

_____

SO WHAT?　それは何を意味しているのか？

_____

_____

_____

_____

足りないものに目を向けると、
今あるものが見えなくなる。
今あるものに目を向ければ、足りないものが手に入る。

――『エフォートレス思考』p.82-83

NOW WHAT?　今、何をするべきか？

1：重要なプロジェクト（1つ）

- _____

2：緊急かつ重要なタスク（2つ）

- _____

- _____

3：日々のメンテナンス項目（3つ）

- _____

- _____

- _____

その他のタスク/備考

- _____

- _____

- _____

- _____

- _____

- _____

- _____

- _____

Week 4 の振り返り
REFLECTION

ステップ **1**
ラディカルな感謝を実践する

1週間を振り返って、感謝すべきことを5つ書きだそう
（厳しい状況にも、あえて感謝してみよう）

- _____

- _____

- _____

- _____

- _____

ステップ **2**
今後の予定をプレビューする

カレンダーを見て、
この先1週間の主要な予定を書きだそう

- _____

- _____

- _____

- _____

- _____

ステップ 3

意図的に投資し、冷静に手を引く

もっと注力するべき重要な
分野は何か？

- _____
- _____
- _____

リソースを費やしすぎている
分野は何か？

- _____
- _____
- _____

ステップ 4

来週の目標を決める

これから1週間で達成したい
重要な目標を3つ、決定しよう

- _____
- _____
- _____

MONDAY ___ / ___

Week 5 のワーク

WHAT? 何が起こっているか？

_____

_____

_____

_____

_____

_____

SO WHAT? それは何を意味しているのか？

_____

_____

_____

_____

**選択とは、行動なのだ。
与えられるものではなく、つかみとるものだ。
選択肢はかぎられているかもしれない。
それでも、選択肢のなかから何を選ぶかは、
いつだって自分次第だ。**

──『エッセンシャル思考』p.52

NOW WHAT? 今、何をするべきか？

1：重要なプロジェクト（1つ）

- _____

2：緊急かつ重要なタスク（2つ）

- _____

- _____

3：日々のメンテナンス項目（3つ）

- _____

- _____

- _____

その他のタスク/備考

- _____

- _____

- _____

- _____

- _____

- _____

- _____

- _____

TUESDAY ___ /___

WHAT? 何が起こっているか?

SO WHAT? それは何を意味しているのか?

【 今日のチャレンジ 】

古いやり方がうまくいかないなら、新しいやり方を試すべきときだ。

1： まったく重要ではないのに、リソースを費やしてしまう行動は何か?

2： そのために支払っているコストを書きだそう。健康や家族、友人関係、重要なプロジェクトにどのような影響を及ぼしているだろうか?

3： 次にその行動の誘惑に駆られたとき、どう対応するかを決めておこう

——1分間ニュースレター

NOW WHAT?　今、何をするべきか？

1 : 重要なプロジェクト（1つ）

- _____

2 : 緊急かつ重要なタスク（2つ）

- _____

- _____

3 : 日々のメンテナンス項目（3つ）

- _____

- _____

- _____

その他のタスク/備考

- _____

- _____

- _____

- _____

- _____

- _____

- _____

- _____

WEDNESDAY ___ / ___

WHAT? 何が起こっているか？

SO WHAT? それは何を意味しているのか？

世の中には、ありとあらゆる仕事やチャンスが
転がっている。その多くは悪くないものだし、かなり
魅力的な話も少なくない。だが、本当に重要なことは
めったにない。エッセンシャル思考を学べば、
そうした玉石混交の中から、
本質的なことだけを見分けられるようになる。

──『エッセンシャル思考』p.22

NOW WHAT? 今、何をするべきか？

1：重要なプロジェクト（1つ）

- _____

2：緊急かつ重要なタスク（2つ）

- _____

- _____

3：日々のメンテナンス項目（3つ）

- _____

- _____

- _____

その他のタスク/備考

- _____

- _____

- _____

- _____

- _____

- _____

- _____

- _____

THURSDAY ＿＿ / ＿＿

WHAT?　何が起こっているか？

SO WHAT?　それは何を意味しているのか？

【 **今日のチャレンジ** 】

重要な目標や締切に向かうとき、2つのアプローチが考えられる。
早く小さく始めるか、遅く大きく始めるかだ。
「早く小さく」とは、できるだけ早い時期に、最小の時間で着手することを指す。
自分が今抱えている目標や締め切りについて、
「今すぐできる最小限の準備は何か？」 と考えてみよう。
そして4分間だけ、今日のうちに着手しよう。

──『エッセンシャル思考』p.251-252

NOW WHAT?　今、何をするべきか？

1：重要なプロジェクト（1つ）

- _____

2：緊急かつ重要なタスク（2つ）

- _____

- _____

3：日々のメンテナンス項目（3つ）

- _____

- _____

- _____

その他のタスク/備考

- _____

- _____

- _____

- _____

- _____

- _____

- _____

- _____

FRIDAY ___ /___

WHAT? 何が起こっているか？

SO WHAT? それは何を意味しているのか？

嫌なことを我慢するより、
楽しくできるやり方を探したほうがいい。
重要な仕事を楽しい活動に結びつければ、
これまで気が重かったことも、
エフォートレスに実行できる。

——『エフォートレス思考』p.65-66

NOW WHAT?　今、何をするべきか？

1 : 重要なプロジェクト（1つ）

- _____

2 : 緊急かつ重要なタスク（2つ）

- _____

- _____

3 : 日々のメンテナンス項目（3つ）

- _____

- _____

- _____

その他のタスク/備考

- _____

- _____

- _____

- _____

- _____

- _____

- _____

- _____

SATURDAY ___ / ___

WHAT? 何が起こっているか？

_____

_____

_____

_____

_____

_____

_____

SO WHAT? それは何を意味しているのか？

_____

_____

_____

_____

【 今日のチャレンジ 】

次の戦略を使って、何かに「ノー」と言ってみよう。

1: チャンスを評価する —— このチャンスを断ったら、1年後に後悔するだろうか？

2: トレードオフに目を向ける —— これを引き受けたら、何を捨てることになるか？

3: ノーと言った経験を想起する —— 以前、自分に合わないチャンスを断ったとき、どんな気分になっただろうか？

——1分間ニュースレター

NOW WHAT? 今、何をするべきか？

1：重要なプロジェクト（1つ）

- _____

2：緊急かつ重要なタスク（2つ）

- _____

- _____

3：日々のメンテナンス項目（3つ）

- _____

- _____

- _____

その他のタスク/備考

- _____

- _____

- _____

- _____

- _____

- _____

- _____

- _____

SUNDAY ___ /___

WHAT? 何が起こっているか？

SO WHAT? それは何を意味しているのか？

エフォートレスな人間関係というものは存在しない。
だが、良い関係を保つためのコツはある。
何でも相手に同調する必要はない。大事なのは、
きちんと耳を傾け、目の前の相手に集中することだ。
つねに全力で関心を持つことは難しいかもしれないが、
相手のボールを受け止める確率を高めることはできる。
——『エフォートレス思考』p.120

NOW WHAT?　今、何をするべきか？

1: 重要なプロジェクト（1つ）

- _____

2: 緊急かつ重要なタスク（2つ）

- _____

- _____

3: 日々のメンテナンス項目（3つ）

- _____

- _____

- _____

その他のタスク/備考

- _____

- _____

- _____

- _____

- _____

- _____

- _____

- _____

Week 5 の振り返り
REFLECTION

ステップ 1
ラディカルな感謝を実践する

1週間を振り返って、感謝すべきことを5つ書きだそう
（厳しい状況にも、あえて感謝してみよう）

- _____
- _____
- _____
- _____
- _____

ステップ 2
今後の予定をプレビューする

カレンダーを見て、
この先1週間の主要な予定を書きだそう

- _____
- _____
- _____
- _____
- _____

ステップ 3

意図的に投資し、冷静に手を引く

もっと注力するべき重要な
分野は何か？

- _____
- _____
- _____

リソースを費やしすぎている
分野は何か？

- _____
- _____
- _____

ステップ 4

来週の目標を決める

これから1週間で達成したい
重要な目標を3つ、決定しよう

- _____
- _____
- _____

MONDAY ___ / ___   **Week 6 のワーク**

WHAT?　何が起こっているか？

_____

_____

_____

_____

_____

_____

_____

SO WHAT?　それは何を意味しているのか？

_____

_____

_____

_____

**エッセンシャル思考の人は、
トレードオフを当たり前の現実として受け入れている。
「何をあきらめなくてはならないか？」と問うかわりに、
「何に全力を注ごうか？」と考える。小さな違いだが、
積み重なると人生に大きな差がついてくる。**

──『エッセンシャル思考』p.77-78

NOW WHAT? 今、何をするべきか？

1：重要なプロジェクト（1つ）

- _____

2：緊急かつ重要なタスク（2つ）

- _____

- _____

3：日々のメンテナンス項目（3つ）

- _____

- _____

- _____

その他のタスク/備考

- _____

- _____

- _____

- _____

- _____

- _____

- _____

- _____

TUESDAY ___ / ___

WHAT? 何が起こっているか？

SO WHAT? それは何を意味しているのか？

【 今日のチャレンジ 】

何か良いことをしている人を見つけて、その人を褒めよう。
パートナーや子どもに感謝を伝えよう。
ミーティングを始めるとき、まずはうまくいったことを讃えよう。

──グレッグ・マキューン・ポッドキャスト、エピソード260

NOW WHAT? 今、何をするべきか？

1 : 重要なプロジェクト (1つ)

- _____

2 : 緊急かつ重要なタスク (2つ)

- _____

- _____

3 : 日々のメンテナンス項目 (3つ)

- _____

- _____

- _____

その他のタスク/備考

- _____

- _____

- _____

- _____

- _____

- _____

- _____

- _____

WEDNESDAY ___ / ___

WHAT? 何が起こっているか？

_____

_____

_____

_____

_____

_____

SO WHAT? それは何を意味しているのか？

_____

_____

_____

_____

エッセンシャル思考とは、
自分の力を最大限の成果につなげるための
システマティックな方法である。

──『エッセンシャル思考』p.24

NOW WHAT? 今、何をするべきか？

1: 重要なプロジェクト（1つ）

- _____

2: 緊急かつ重要なタスク（2つ）

- _____

- _____

3: 日々のメンテナンス項目（3つ）

- _____

- _____

- _____

その他のタスク/備考

- _____

- _____

- _____

- _____

- _____

- _____

- _____

- _____

THURSDAY ＿＿ / ＿＿

WHAT?　何が起こっているか？

SO WHAT?　それは何を意味しているのか？

【 今日のチャレンジ 】

完成形の明確なイメージは、仕事を終わらせる助けになるだけではなく、
着手するときにも大いに役立つ。ゴールが明確に思い描けないせいで、
最初の一歩を踏みだせないことはあまりにも多い。
あなたが取り組んでいる重要なプロジェクトをひとつ選び、
完成したらどのような状態になるかを書きだしてみよう。
──グレッグ・マキューン・ポッドキャスト、エピソード227

NOW WHAT?　今、何をするべきか？

1：重要なプロジェクト（1つ）

- _____

2：緊急かつ重要なタスク（2つ）

- _____

- _____

3：日々のメンテナンス項目（3つ）

- _____

- _____

- _____

その他のタスク/備考

- _____

- _____

- _____

- _____

- _____

- _____

- _____

- _____

FRIDAY ___ / ___

WHAT? 何が起こっているか？

SO WHAT? それは何を意味しているのか？

**「どうしてこんなに大変なんだ？」と問うのではなく、
「どうすればもっと簡単になるだろう？」と考えよう。**

──『エフォートレス思考』p.127

NOW WHAT? 今、何をするべきか？

1：重要なプロジェクト（1つ）

- _____

2：緊急かつ重要なタスク（2つ）

- _____

- _____

3：日々のメンテナンス項目（3つ）

- _____

- _____

- _____

その他のタスク/備考

- _____

- _____

- _____

- _____

- _____

- _____

- _____

- _____

SATURDAY ___ / ___

WHAT?　何が起こっているか？

SO WHAT?　それは何を意味しているのか？

【 今日のチャレンジ 】

非エッセンシャル思考の人は、睡眠を一種の義務のように考えている。
ただでさえ忙しいなかで、さらに時間を食いつぶす足手まといだと思っている。
一方、エッセンシャル思考の人は睡眠を味方につけて、
自分の力を引き出すために活用している。
睡眠時間を増やす計画を立てて、スケジュールに組み込もう。
その睡眠計画を今日から1週間実践してみよう。

――『エッセンシャル思考』p.124

NOW WHAT?　今、何をするべきか？

1：重要なプロジェクト（1つ）

- _____

2：緊急かつ重要なタスク（2つ）

- _____

- _____

3：日々のメンテナンス項目（3つ）

- _____

- _____

- _____

その他のタスク/備考

- _____

- _____

- _____

- _____

- _____

- _____

- _____

- _____

SUNDAY ___ /___

WHAT? 何が起こっているか？

_____

_____

_____

_____

_____

_____

SO WHAT? それは何を意味しているのか？

_____

_____

_____

_____

**考えるべきは、どうすれば
最高の成果が出せるかということだ。
正しいことを、正しいときに、正しい方法でやる。
そのためには、基準を厳しくするしかない。**

──『エッセンシャル思考』p.42-43

NOW WHAT? 今、何をするべきか？

1：重要なプロジェクト（1つ）

- _____

2：緊急かつ重要なタスク（2つ）

- _____

- _____

3：日々のメンテナンス項目（3つ）

- _____

- _____

- _____

その他のタスク/備考

- _____

- _____

- _____

- _____

- _____

- _____

- _____

- _____

Week 6 の振り返り
REFLECTION

ステップ **1**
ラディカルな感謝を実践する

1週間を振り返って、感謝すべきことを5つ書きだそう
（厳しい状況にも、あえて感謝してみよう）

- _____

- _____

- _____

- _____

- _____

ステップ **2**
今後の予定をプレビューする

カレンダーを見て、
この先1週間の主要な予定を書きだそう

- _____

- _____

- _____

- _____

- _____

ステップ 3

意図的に投資し、冷静に手を引く

もっと注力するべき重要な
分野は何か？

- _____
- _____
- _____

リソースを費やしすぎている
分野は何か？

- _____
- _____
- _____

ステップ 4

来週の目標を決める

これから1週間で達成したい
重要な目標を3つ、決定しよう

- _____
- _____
- _____

MONDAY ___ / ___

Week 7 のワーク

WHAT? 何が起こっているか？

_____

_____

_____

_____

_____

_____

_____

SO WHAT? それは何を意味しているのか？

_____

_____

_____

_____

> **何の意味もないとわかっているプロジェクトに、時間や
> お金を費やしつづけていないだろうか。損切りができず、
> いつまでも駄目な投資をつづけていないだろうか。非
> エッセンシャル思考の人は、こうした悪循環にはまり込
> みやすい。だがエッセンシャル思考の人は、勇敢に自分
> の過ちを認め、悪循環を抜け出すことができる。**

——『エッセンシャル思考』p.182-183

NOW WHAT?　今、何をするべきか？

1：重要なプロジェクト（1つ）

- _____

2：緊急かつ重要なタスク（2つ）

- _____

- _____

3：日々のメンテナンス項目（3つ）

- _____

- _____

- _____

その他のタスク/備考

- _____

- _____

- _____

- _____

- _____

- _____

- _____

- _____

TUESDAY _____ / _____

WHAT? 何が起こっているか？

SO WHAT? それは何を意味しているのか？

【 今日のチャレンジ 】

成果はささやかな行動の積み重ねだ。
2.5秒の時間があれば、私たちは注意を切り替えることができる。
たとえば携帯電話を置く、ブラウザを閉じる、深呼吸をする。以下を試してほしい。

1： 非生産的になってしまうときに備えて、注意を切り替えるためのアクションをいく
　　つか用意する（例：携帯電話を置く、手帳を開く、立ち上がって外の空気を吸う）
2： このアクションリストを、目に入りやすいところに貼っておく
3： 集中力が落ちたり、非生産的になっているときにアクションを実行する

───1分間ニュースレター

NOW WHAT? 今、何をするべきか？

1：重要なプロジェクト（1つ）

- _____

2：緊急かつ重要なタスク（2つ）

- _____

- _____

3：日々のメンテナンス項目（3つ）

- _____

- _____

- _____

その他のタスク/備考

- _____

- _____

- _____

- _____

- _____

- _____

- _____

- _____

WEDNESDAY ＿＿ / ＿＿

WHAT?　何が起こっているか？

_____

_____

_____

_____

_____

_____

_____

SO WHAT?　それは何を意味しているのか？

_____

_____

_____

_____

最重要基準に従って、選択肢を100点満点中の
何点になるか採点しよう。ただし90点未満の点数は、
すべて0点と同じ扱いにする。つまり不合格だ。
こうすれば、60〜70点の
中途半端な選択肢に悩まされずにすむ。

——『エッセンシャル思考』p.134

NOW WHAT? 今、何をするべきか？

1：重要なプロジェクト（1つ）

- _____

2：緊急かつ重要なタスク（2つ）

- _____

- _____

3：日々のメンテナンス項目（3つ）

- _____

- _____

- _____

その他のタスク/備考

- _____

- _____

- _____

- _____

- _____

- _____

- _____

- _____

THURSDAY ＿＿／＿＿

WHAT?   何が起こっているか？

SO WHAT?   それは何を意味しているのか？

【 今日のチャレンジ 】

翌日までに完璧に回復できる以上の仕事はしないこと。次の3つを実践しよう。

1：午前中はもっとも重要な仕事に専念する

2：その仕事を1回90分以内の3つのセッションに分ける

3：セッションとセッションの合間に、休息と回復のための休憩を10〜15分間とる

——グレッグ・マキューン・ポッドキャスト、エピソード51

NOW WHAT? 今、何をするべきか？

1：重要なプロジェクト（1つ）

- _____

2：緊急かつ重要なタスク（2つ）

- _____

- _____

3：日々のメンテナンス項目（3つ）

- _____

- _____

- _____

その他のタスク/備考

- _____

- _____

- _____

- _____

- _____

- _____

- _____

- _____

FRIDAY ___ / ___

WHAT? 何が起こっているか？

SO WHAT? それは何を意味しているのか？

> 誰かに何かを頼まれたとき、私たちはそれを
> 関係性の問題だと思ってしまう。頼みを断ることが、
> 相手を拒絶することだと感じてしまうのだ。
> この2つを分けて考えなくてはならない。
> 関係性から切り離して考えたとき、判断はより明確にな
> り、それを伝える勇気と思いやりも生まれてくる。
>
> ──『エッセンシャル思考』p.171

NOW WHAT?　今、何をするべきか？

1：重要なプロジェクト（1つ）

- _____

2：緊急かつ重要なタスク（2つ）

- _____

- _____

3：日々のメンテナンス項目（3つ）

- _____

- _____

- _____

その他のタスク/備考

- _____

- _____

- _____

- _____

- _____

- _____

- _____

- _____

SATURDAY ___ /___

WHAT? 何が起こっているか？

_____

_____

_____

_____

_____

_____

SO WHAT? それは何を意味しているのか？

_____

_____

_____

_____

【 今日のチャレンジ 】

私の友人が、失敗を受け入れるためのすばらしいアプローチをしている。
彼はスペイン語を教えているのだが、生徒たちに
「1000個のビーズが詰まった袋を持っていると想像しよう」と呼びかける。
スペイン語の会話でひとつ間違えるたびに、想像上のビーズをひとつ袋から取りだす。
袋が空っぽになったら、レベルアップ。
つまり、**失敗の数だけ成長している**ということだ。
このエクササイズを、自分なりにアレンジしてみよう。
早い段階で積極的に間違えることは、効率の良い学びにつながる。

——1分間ニュースレター

NOW WHAT?　今、何をするべきか？

1：重要なプロジェクト（1つ）

- _____

2：緊急かつ重要なタスク（2つ）

- _____

- _____

3：日々のメンテナンス項目（3つ）

- _____

- _____

- _____

その他のタスク/備考

- _____

- _____

- _____

- _____

- _____

- _____

- _____

- _____

SUNDAY ___ /___

WHAT? 何が起こっているか？

_____

_____

_____

_____

_____

_____

SO WHAT? それは何を意味しているのか？

_____

_____

_____

_____

「ノー」という言葉を使わなくても、
ノーを言うことは可能だ。
ときには直接的な表現を避けて、
やんわりと断ることも必要になる。
失礼にならない断り方のレパートリーを増やしておこう。

──『エッセンシャル思考』p.171

NOW WHAT? 今、何をするべきか？

1：重要なプロジェクト（1つ）

- _____

2：緊急かつ重要なタスク（2つ）

- _____

- _____

3：日々のメンテナンス項目（3つ）

- _____

- _____

- _____

その他のタスク/備考

- _____

- _____

- _____

- _____

- _____

- _____

- _____

- _____

Week 7 の振り返り
REFLECTION

ステップ 1
ラディカルな感謝を実践する

1週間を振り返って、感謝すべきことを5つ書きだそう
（厳しい状況にも、あえて感謝してみよう）

- _____
- _____
- _____
- _____
- _____

ステップ 2
今後の予定をプレビューする

カレンダーを見て、
この先1週間の主要な予定を書きだそう

- _____
- _____
- _____
- _____
- _____

ステップ 3
意図的に投資し、冷静に手を引く

もっと注力するべき重要な
分野は何か？

- _____
- _____
- _____

リソースを費やしすぎている
分野は何か？

- _____
- _____
- _____

ステップ 4
来週の目標を決める

これから1週間で達成したい
重要な目標を3つ、決定しよう

- _____
- _____
- _____

MONDAY ___/___   # Week 8 のワーク

WHAT? 何が起こっているか？

_____

_____

_____

_____

_____

_____

_____

SO WHAT? それは何を意味しているのか？

_____

_____

_____

_____

**極論すれば、成功を求めることによって、
人は失敗してしまうのだ。
成功した人は何でもやろうとしすぎて、
そもそも何をやっていたかを忘れてしまう。**

──『エッセンシャル思考』p.31

NOW WHAT?　今、何をするべきか？

1：重要なプロジェクト（1つ）

- _____

2：緊急かつ重要なタスク（2つ）

- _____

- _____

3：日々のメンテナンス項目（3つ）

- _____

- _____

- _____

その他のタスク/備考

- _____

- _____

- _____

- _____

- _____

- _____

- _____

- _____

TUESDAY ___ /___

WHAT? 何が起こっているか？

_____

_____

_____

_____

_____

_____

SO WHAT? それは何を意味しているのか？

_____

_____

_____

_____

【 今日のチャレンジ 】

「ノー」と言うべきときに言えないのは、
あらゆる「イエス」にトレードオフが伴うことを忘れてしまうからだ。
今日はトレードオフに意識を向ける練習をしよう。
何か新しいことを引き受けるたびに、別の予定に取り消し線を引いて削除し、
トレードオフを可視化しよう。

――1分間ニュースレター

NOW WHAT? 今、何をするべきか？

1：重要なプロジェクト（1つ）

- _____

2：緊急かつ重要なタスク（2つ）

- _____

- _____

3：日々のメンテナンス項目（3つ）

- _____

- _____

- _____

その他のタスク/備考

- _____

- _____

- _____

- _____

- _____

- _____

- _____

- _____

WEDNESDAY ___ / ___

WHAT?　何が起こっているか？

_____

_____

_____

_____

_____

_____

SO WHAT?　それは何を意味しているのか？

_____

_____

_____

_____

**大事なことをやり遂げられない最大の理由は、
まさに困難だからではないのか。
そして何かが困難だと感じるのは、
もっと簡単なやり方を見つけていないからではないか？**

──『エフォートレス思考』p.47

NOW WHAT? 今、何をするべきか？

1：重要なプロジェクト（1つ）

- _____

2：緊急かつ重要なタスク（2つ）

- _____

- _____

3：日々のメンテナンス項目（3つ）

- _____

- _____

- _____

その他のタスク/備考

- _____

- _____

- _____

- _____

- _____

- _____

- _____

- _____

THURSDAY ___ / ___

WHAT? 何が起こっているか？

SO WHAT? それは何を意味しているのか？

【 今日のチャレンジ 】

私たちの成長や達成、そしてポテンシャルは、他者とのつながりのなかで
初めて可能になる。今日は人とのつながりを大事にしよう。たとえば：

- 見知らぬ人に親切にする
- 部下や後輩の問題解決を手伝う
- 離れて暮らす友人や家族に連絡をとる
- 地域のプロジェクトに貢献する

——1分間ニュースレター

NOW WHAT?　今、何をするべきか？

1：重要なプロジェクト（1つ）

- _____

2：緊急かつ重要なタスク（2つ）

- _____

- _____

3：日々のメンテナンス項目（3つ）

- _____

- _____

- _____

その他のタスク/備考

- _____

- _____

- _____

- _____

- _____

- _____

- _____

- _____

FRIDAY ___ / ___

WHAT? 何が起こっているか？

SO WHAT? それは何を意味しているのか？

もしも日々が困難で、
上り坂で大岩を押し上げているような気がするなら、
いちど立ち止まったほうがいい。
問題を逆から考えよう。
「成果を出すために、もっとも簡単なやり方は何か？」

——『エフォートレス思考』p.59

NOW WHAT?　今、何をするべきか？

1：重要なプロジェクト（1つ）

- _____

2：緊急かつ重要なタスク（2つ）

- _____

- _____

3：日々のメンテナンス項目（3つ）

- _____

- _____

- _____

その他のタスク/備考

- _____

- _____

- _____

- _____

- _____

- _____

- _____

SATURDAY ___ / ___

WHAT? 何が起こっているか？

SO WHAT? それは何を意味しているのか？

【 今日のチャレンジ 】

古典文学を1冊選んで読む。
読みながら、何が学べるか、それを自分の人生にどう生かせるかを考えよう。
面倒だなと思ったら、自分自身に問いかけてほしい。
「自分がよく読むものは何だろうか。
ニュースサイト、SNS、頭を使わないフィクション？
もしもそれらを読むかわりに古典を読んだら、自分の思考はどう変わるだろう？」

——グレッグ・マキューン・ポッドキャスト、エピソード243

NOW WHAT?　今、何をするべきか？

1：重要なプロジェクト（1つ）

- _____

2：緊急かつ重要なタスク（2つ）

- _____

- _____

3：日々のメンテナンス項目（3つ）

- _____

- _____

- _____

その他のタスク/備考

- _____

- _____

- _____

- _____

- _____

- _____

- _____

- _____

SUNDAY ___ /___

WHAT? 何が起こっているか？

SO WHAT? それは何を意味しているのか？

> エッセンシャル思考の人は、たっぷりと時間をかけて
> 選択肢を見くらべ、意見を聞き、話し合い、熟考する。
> 無駄に悩んでいるわけではない。
> 大量のどうでもいいことのなかから、
> 少数の本質的なことを見極めようとしているのだ。
>
> ──『エッセンシャル思考』p.43

NOW WHAT? 今、何をするべきか？

1：重要なプロジェクト（1つ）

- _____

2：緊急かつ重要なタスク（2つ）

- _____

- _____

3：日々のメンテナンス項目（3つ）

- _____

- _____

- _____

その他のタスク/備考

- _____

- _____

- _____

- _____

- _____

- _____

- _____

- _____

Week 8 の振り返り
REFLECTION

ステップ 1
ラディカルな感謝を実践する

1週間を振り返って、感謝すべきことを5つ書きだそう
（厳しい状況にも、あえて感謝してみよう）

- _____

- _____

- _____

- _____

- _____

ステップ 2
今後の予定をプレビューする

カレンダーを見て、
この先1週間の主要な予定を書きだそう

- _____

- _____

- _____

- _____

- _____

ステップ **3**
意図的に投資し、冷静に手を引く

もっと注力するべき重要な
分野は何か？

- _____
- _____
- _____

リソースを費やしすぎている
分野は何か？

- _____
- _____
- _____

ステップ **4**
来週の目標を決める

これから1週間で達成したい
重要な目標を3つ、決定しよう

- _____
- _____
- _____

MONDAY ___ / ___

Week 9 のワーク

WHAT? 何が起こっているか？

_____

_____

_____

_____

_____

_____

_____

SO WHAT? それは何を意味しているのか？

_____

_____

_____

_____

努力は大切だ。
だが、努力の量が成果に比例するとはかぎらない。
がむしゃらに頑張るよりも、
「より少なく、しかしより良く」努力したほうがいい。
——『エッセンシャル思考』p.60

NOW WHAT?　今、何をするべきか？

1：重要なプロジェクト（1つ）

- _____

2：緊急かつ重要なタスク（2つ）

- _____
- _____

3：日々のメンテナンス項目（3つ）

- _____
- _____
- _____

その他のタスク/備考

- _____
- _____
- _____
- _____
- _____
- _____
- _____
- _____

TUESDAY ＿＿ / ＿＿

WHAT?　何が起こっているか？

SO WHAT?　それは何を意味しているのか？

【 今日のチャレンジ 】

上司や大事な顧客に「できません」と言うのは怖いものだ。
だが、必ずしもそのまま伝える必要はない。
次のような質問を投げかけて、優先順位についての対話を生みだそう。
「私は今、これだけの仕事に取り組んでいます。
どの仕事の優先順位を下げればいいでしょうか？」

——1分間ニュースレター

NOW WHAT? 今、何をするべきか？

1：重要なプロジェクト（1つ）

- _____

2：緊急かつ重要なタスク（2つ）

- _____

- _____

3：日々のメンテナンス項目（3つ）

- _____

- _____

- _____

その他のタスク/備考

- _____

- _____

- _____

- _____

- _____

- _____

- _____

- _____

WEDNESDAY ＿＿ /＿＿

WHAT?　何が起こっているか？

SO WHAT?　それは何を意味しているのか？

意見や判断を抜きにして、
じっと相手の話に耳を傾けよう。
そうすることで、相手は内なる心の声を聞き、
問題に自分なりの答えを出すことができる。
——『エフォートレス思考』p.124

NOW WHAT? 今、何をするべきか？

1：重要なプロジェクト（1つ）

- _____

2：緊急かつ重要なタスク（2つ）

- _____

- _____

3：日々のメンテナンス項目（3つ）

- _____

- _____

- _____

その他のタスク/備考

- _____

- _____

- _____

- _____

- _____

- _____

- _____

- _____

THURSDAY ＿＿ /＿＿

WHAT? 何が起こっているか？

SO WHAT? それは何を意味しているのか？

【 **今日のチャレンジ** 】

何か困難に直面したら、
「自分はどのように物事を必要以上に難しくしているだろうか？」と自問しよう。
その答えを見つけたとき、あなたは大きな価値を手に入れる。
すなわち、次の一歩が明らかになる。大事なのはそれだけだ。
とてもシンプルで、簡単なことなのだ。

——1分間ニュースレター

NOW WHAT? 今、何をするべきか？

1：重要なプロジェクト（1つ）

- _____

2：緊急かつ重要なタスク（2つ）

- _____

- _____

3：日々のメンテナンス項目（3つ）

- _____

- _____

- _____

その他のタスク/備考

- _____

- _____

- _____

- _____

- _____

- _____

- _____

- _____

FRIDAY ___ / ___

WHAT? 何が起こっているか？

SO WHAT? それは何を意味しているのか？

**集中は向こうからやってくるものではない。
集中できる状況に自ら飛び込んでいくことが
必要なのだ。**
──『エッセンシャル思考』p.87

NOW WHAT? 今、何をするべきか？

1: 重要なプロジェクト（1つ）

- _____

2: 緊急かつ重要なタスク（2つ）

- _____

- _____

3: 日々のメンテナンス項目（3つ）

- _____

- _____

- _____

その他のタスク/備考

- _____

- _____

- _____

- _____

- _____

- _____

- _____

- _____

SATURDAY ___ / ___

WHAT?　何が起こっているか？

SO WHAT?　それは何を意味しているのか？

【 今日のチャレンジ 】

好奇心とは、単なる性格的特徴ではない。
イノベーションや発見を生みだすような本物の好奇心は、
意図的に選び取るものである。それは生き方の選択なのだ。
そのために、もっと多くの質問をしよう。
同僚との会話、仕事の面接、友人やパートナーとのおしゃべり。
どんな場面でも、2つめ、3つめの質問をすることで会話を深められる。

───グレッグ・マキューン・ポッドキャスト、エピソード219

NOW WHAT?　今、何をするべきか？

1：重要なプロジェクト（1つ）

- _____

2：緊急かつ重要なタスク（2つ）

- _____

- _____

3：日々のメンテナンス項目（3つ）

- _____

- _____

- _____

その他のタスク/備考

- _____

- _____

- _____

- _____

- _____

- _____

- _____

- _____

SUNDAY ___ / ___

WHAT?   何が起こっているか？

_____

_____

_____

_____

_____

_____

_____

SO WHAT?   それは何を意味しているのか？

_____

_____

_____

_____

不平不満を口にするうちに、
あるいは他人の不平不満を見聞きするうちに、
どんどん不満が増えてきた経験はないだろうか。
一方、感謝しようと努めるうちに、感謝すべきことが
以前よりたくさん見えてきた経験はないだろうか？

――『エフォートレス思考』p.81-82

NOW WHAT? 今、何をするべきか？

1：重要なプロジェクト（1つ）

- _____

2：緊急かつ重要なタスク（2つ）

- _____

- _____

3：日々のメンテナンス項目（3つ）

- _____

- _____

- _____

その他のタスク/備考

- _____

- _____

- _____

- _____

- _____

- _____

- _____

- _____

Week 9 の振り返り
REFLECTION

ステップ 1
ラディカルな感謝を実践する

1週間を振り返って、感謝すべきことを5つ書きだそう
（厳しい状況にも、あえて感謝してみよう）

- _____
- _____
- _____
- _____
- _____

ステップ 2
今後の予定をプレビューする

カレンダーを見て、
この先1週間の主要な予定を書きだそう

- _____
- _____
- _____
- _____
- _____

ステップ **3**
意図的に投資し、冷静に手を引く

もっと注力するべき重要な
分野は何か？

- _____
- _____
- _____

リソースを費やしすぎている
分野は何か？

- _____
- _____
- _____

ステップ **4**
来週の目標を決める

これから1週間で達成したい
重要な目標を3つ、決定しよう

- _____
- _____
- _____

MONDAY ___ / ___

Week 10 のワーク

WHAT? 何が起こっているか？

_____

_____

_____

_____

_____

_____

_____

SO WHAT? それは何を意味しているのか？

_____

_____

_____

_____

現代人の最優先課題は、
優先順位づけの能力をキープすることだ。

——『エッセンシャル思考』p.130

NOW WHAT? 今、何をするべきか？

1：重要なプロジェクト（1つ）

- _____

2：緊急かつ重要なタスク（2つ）

- _____

- _____

3：日々のメンテナンス項目（3つ）

- _____

- _____

- _____

その他のタスク/備考

- _____

- _____

- _____

- _____

- _____

- _____

- _____

- _____

TUESDAY ＿＿ / ＿＿

WHAT? 何が起こっているか？

SO WHAT? それは何を意味しているのか？

【 今日のチャレンジ 】

習慣は妨害に打ち勝つための最強の道具だ。
習慣がなければ、数知れぬ誘惑に打ち勝つことは難しい。
一方、本質的な目標に向かう行動を習慣づけてしまえば、
無意識のうちに目標を達成できる。
意思決定のコストを省くために、どんな習慣を味方につけられるだろうか。
食べるものや着るものを決めておくだけでもいい。
無駄なことに頭を使わず、本質的な問題に脳のリソースを集中させよう。

――『エッセンシャル思考』p.257

NOW WHAT? 今、何をするべきか？

1：重要なプロジェクト（1つ）

- _____

2：緊急かつ重要なタスク（2つ）

- _____

- _____

3：日々のメンテナンス項目（3つ）

- _____

- _____

- _____

その他のタスク/備考

- _____

- _____

- _____

- _____

- _____

- _____

- _____

- _____

WEDNESDAY ___ / ___

WHAT?　何が起こっているか？

SO WHAT?　それは何を意味しているのか？

あるポイントを超えると、
努力の量は結果に結びつかなくなる。
むしろ、パフォーマンスが低下する。
経済学では、これを「収穫低減の法則」と呼ぶ。
──『エフォートレス思考』p.132

NOW WHAT?　今、何をするべきか？

1：重要なプロジェクト（1つ）

- _____

2：緊急かつ重要なタスク（2つ）

- _____

- _____

3：日々のメンテナンス項目（3つ）

- _____

- _____

- _____

その他のタスク/備考

- _____

- _____

- _____

- _____

- _____

- _____

- _____

- _____

THURSDAY ___ /___

WHAT? 何が起こっているか？

_____

_____

_____

_____

_____

_____

SO WHAT? それは何を意味しているのか？

_____

_____

_____

_____

【 今日のチャレンジ 】

成功の鍵は、過去から学ぶことにある。
自分の経験を記録し、あとで振り返るために、
日記を毎日つけよう（本書の備考欄に書いてもいい）。
ただし何から何まで書くのではなく、2つか3つの重要事項に焦点を絞る。たとえば：

- 忘れたくないできごとは何か？
- 新しく学んだことは？
- 何に感謝しているか？

――1分間ニュースレター

NOW WHAT?　今、何をするべきか？

1：重要なプロジェクト（1つ）

- _____

2：緊急かつ重要なタスク（2つ）

- _____

- _____

3：日々のメンテナンス項目（3つ）

- _____

- _____

- _____

その他のタスク/備考

- _____

- _____

- _____

- _____

- _____

- _____

- _____

- _____

FRIDAY ＿＿ / ＿＿

WHAT? 何が起こっているか？

SO WHAT? それは何を意味しているのか？

政治家のインタビューを見ていると、質問をはぐらかす技術の巧みさに感心することがある。政治家でなくても、多少はそういうことをやっているものだ。必要な情報を集めて明確な答えを出すよりも、あいまいに適当な答えを返すほうがずっとたやすい。だが、そういう態度はさらなるあいまいさを生み、誤解と無理解の悪循環をもたらす。そこから脱け出すためには、質問を明確にすることが不可欠だ。

──『エッセンシャル思考』p.105-106

NOW WHAT? 今、何をするべきか？

1：重要なプロジェクト（1つ）

- _____

2：緊急かつ重要なタスク（2つ）

- _____

- _____

3：日々のメンテナンス項目（3つ）

- _____

- _____

- _____

その他のタスク/備考

- _____

- _____

- _____

- _____

- _____

- _____

- _____

- _____

SATURDAY ＿＿ / ＿＿

WHAT? 何が起こっているか？

SO WHAT? それは何を意味しているのか？

【 今日のチャレンジ 】

目に見える一貫した目標がなければ、有意義な進歩は望めない。
数少ない本質的な目標を見失わないためには、
視界を妨げる些細なものごとを全力で除去しなくてはならない。
確実に前進するために、以下のことを試してほしい。

1：「目標」をひとつ見定めて、次の質問をする
- この目標に近づくために、今日、何をするべきか？ 今週、今月、今四半期は？
- 目標を見えにくくしている不要なものは何か？

2：四半期に一度、進捗を評価する時間をとり、必要なら軌道修正する

——1分間ニュースレター

NOW WHAT? 今、何をするべきか？

1：重要なプロジェクト（1つ）

- _____

2：緊急かつ重要なタスク（2つ）

- _____

- _____

3：日々のメンテナンス項目（3つ）

- _____

- _____

- _____

その他のタスク/備考

- _____

- _____

- _____

- _____

- _____

- _____

- _____

- _____

SUNDAY ___ /___

WHAT? 何が起こっているか？

SO WHAT? それは何を意味しているのか？

たったひとつのことしかできないとしたら、
何をするか？
——『エッセンシャル思考』p.159

NOW WHAT? 今、何をするべきか？

1 : 重要なプロジェクト（1つ）

- _____

2 : 緊急かつ重要なタスク（2つ）

- _____

- _____

3 : 日々のメンテナンス項目（3つ）

- _____

- _____

- _____

その他のタスク/備考

- _____

- _____

- _____

- _____

- _____

- _____

- _____

- _____

Week 10 の振り返り
REFLECTION

ステップ 1
ラディカルな感謝を実践する

1週間を振り返って、感謝すべきことを5つ書きだそう
（厳しい状況にも、あえて感謝してみよう）

- _____

- _____

- _____

- _____

- _____

ステップ 2
今後の予定をプレビューする

カレンダーを見て、
この先1週間の主要な予定を書きだそう

- _____

- _____

- _____

- _____

- _____

ステップ 3

意図的に投資し、冷静に手を引く

もっと注力するべき重要な
分野は何か？

- _____
- _____
- _____

リソースを費やしすぎている
分野は何か？

- _____
- _____
- _____

ステップ 4

来週の目標を決める

これから1週間で達成したい
重要な目標を3つ、決定しよう

- _____
- _____
- _____

MONDAY ___ / ___

Week 11 のワーク

WHAT? 何が起こっているか？

_____

_____

_____

_____

_____

_____

SO WHAT? それは何を意味しているのか？

_____

_____

_____

_____

もっと頑張って働けば、なんとかなるのだろうか。
頑張ることを賛美する文化のなかで、ほとんどの人は、
むしろ頑張りすぎているのではないか？
限界を超えて頑張るのではなく、
もっと簡単な道を選んでみたらどうだろう。

——『エフォートレス思考』p.17-18

NOW WHAT? 今、何をするべきか？

1：重要なプロジェクト（1つ）

- _____

2：緊急かつ重要なタスク（2つ）

- _____

- _____

3：日々のメンテナンス項目（3つ）

- _____

- _____

- _____

その他のタスク/備考

- _____

- _____

- _____

- _____

- _____

- _____

- _____

- _____

TUESDAY ＿＿ /＿＿

WHAT?　何が起こっているか？

SO WHAT?　それは何を意味しているのか？

▌【 今日のチャレンジ 】

損失回避バイアスとは、何かを得る喜びよりも、
何かを失う苦痛のほうが大きいと感じる傾向である。
バイアスに対抗し、上手に手放すために、以下の戦略を使おう。

- 失うのが怖いものを思い浮かべる（所有物や仕事、役割など）
- 「まだそれを持っていないとしたら、手に入れるのにいくら払うか？」と自問する
- 非物質的なものについては、「もしもまだ関与していなかったら、参加するのにどれほど努力したいか？」と考える

――1分間ニュースレター

190

NOW WHAT?　今、何をするべきか？

1：重要なプロジェクト（1つ）

- _____

2：緊急かつ重要なタスク（2つ）

- _____

- _____

3：日々のメンテナンス項目（3つ）

- _____

- _____

- _____

その他のタスク/備考

- _____

- _____

- _____

- _____

- _____

- _____

- _____

- _____

WEDNESDAY ___ / ___

WHAT? 何が起こっているか？

_____

_____

_____

_____

_____

_____

SO WHAT? それは何を意味しているのか？

_____

_____

_____

_____

**本人が解決すべき問題を肩代わりするのは、
人助けではない。
その人は問題を解決しようとしなくなり、
余計に問題から抜け出せなくなってしまう。
本人の解決すべき問題は、本人に解決させよう。
それがあなたのためであり、相手のためでもある。**

──『エッセンシャル思考』p.209-211

NOW WHAT?　今、何をするべきか？

1：重要なプロジェクト（1つ）

- _____

2：緊急かつ重要なタスク（2つ）

- _____

- _____

3：日々のメンテナンス項目（3つ）

- _____

- _____

- _____

その他のタスク/備考

- _____

- _____

- _____

- _____

- _____

- _____

- _____

- _____

THURSDAY ＿＿／＿＿

WHAT?　何が起こっているか？

SO WHAT?　それは何を意味しているのか？

【 今日のチャレンジ 】

パフォーマンスの高いチームにはかならず、心理的安全性がある。
困難な会話に臨むときは、次の3つのステップで心理的安全性を確保しよう。

1： 何を意図しないかを明確に伝える
2： 自分の目指すところを明確に伝える
3： 協力関係をつくる。「おたがいがこれまで出してきた案よりも良い解決策を見つけるために、協力して話し合いを続けませんか？」

――グレッグ・マキューン・ポッドキャスト、エピソード140

NOW WHAT?　今、何をするべきか？

1：重要なプロジェクト（1つ）

- _____

2：緊急かつ重要なタスク（2つ）

- _____

- _____

3：日々のメンテナンス項目（3つ）

- _____

- _____

- _____

その他のタスク/備考

- _____

- _____

- _____

- _____

- _____

- _____

- _____

- _____

FRIDAY ___ / ___

WHAT? 何が起こっているか？

SO WHAT? それは何を意味しているのか？

**自分の中心にエッセンシャル思考がある人は、
表面的にエッセンシャル思考をまとっている人よりも、
はるかに効率良くエッセンシャル思考の恩恵を得られる。**

——『エッセンシャル思考』p.285

NOW WHAT?　今、何をするべきか？

1：重要なプロジェクト（1つ）

- _____

2：緊急かつ重要なタスク（2つ）

- _____

- _____

3：日々のメンテナンス項目（3つ）

- _____

- _____

- _____

その他のタスク/備考

- _____

- _____

- _____

- _____

- _____

- _____

- _____

- _____

SATURDAY ＿＿／＿＿

WHAT? 何が起こっているか？

_____

_____

_____

_____

_____

_____

_____

SO WHAT? それは何を意味しているのか？

_____

_____

_____

_____

【 今日のチャレンジ 】

後悔は、より良い選択の糧になる。
次のプロセスに従い、**過去の後悔を未来のポジティブな変化につなげよう。**

- 後悔していることをひとつあげる
- こうあってほしかった状態と、実際の状態とのギャップを認識する
- いま変化を起こさなければ、将来どうなるかを想像する
- できる範囲で、何か違うことを試してみる

──グレッグ・マキューン・ポッドキャスト、エピソード160

NOW WHAT?　今、何をするべきか？

1：重要なプロジェクト（1つ）

- _____

2：緊急かつ重要なタスク（2つ）

- _____

- _____

3：日々のメンテナンス項目（3つ）

- _____

- _____

- _____

その他のタスク/備考

- _____

- _____

- _____

- _____

- _____

- _____

- _____

- _____

SUNDAY ＿＿ /＿＿

WHAT?　何が起こっているか？

_____

_____

_____

_____

_____

_____

SO WHAT?　それは何を意味しているのか？

_____

_____

_____

_____

> エッセンシャル思考の目的は、世間的な成功を手に入れることではない。人生に意味と目的を見いだし、本当に重要なことを成しとげることだ。将来自分の人生を振り返ったとき、どこにでもありそうな達成リストが並んでいるよりは、自分にとって本当に意味のあることをひとつ達成したと確信できるほうがいい。
>
> ――『エッセンシャル思考』p.286-287

NOW WHAT? 今、何をするべきか？

1：重要なプロジェクト（1つ）

- _____

2：緊急かつ重要なタスク（2つ）

- _____

- _____

3：日々のメンテナンス項目（3つ）

- _____

- _____

- _____

その他のタスク/備考

- _____

- _____

- _____

- _____

- _____

- _____

- _____

- _____

Week 11 の振り返り
REFLECTION

ステップ 1
ラディカルな感謝を実践する

1週間を振り返って、感謝すべきことを5つ書きだそう
（厳しい状況にも、あえて感謝してみよう）

- _____
- _____
- _____
- _____
- _____

ステップ 2
今後の予定をプレビューする

カレンダーを見て、
この先1週間の主要な予定を書きだそう

- _____
- _____
- _____
- _____
- _____

ステップ 3

意図的に投資し、冷静に手を引く

もっと注力するべき重要な
分野は何か？

- _____

- _____

- _____

リソースを費やしすぎている
分野は何か？

- _____

- _____

- _____

ステップ 4

来週の目標を決める

これから1週間で達成したい
重要な目標を3つ、決定しよう

- _____

- _____

- _____

MONDAY ___/___

Week 12 のワーク

WHAT? 何が起こっているか？

_____

_____

_____

_____

_____

_____

_____

SO WHAT? それは何を意味しているのか？

_____

_____

_____

_____

**自分のやるべきことが明確に見えていると、
日々の暮らしが充実し、
今この瞬間をもっと楽しめるようになる。**

——『エッセンシャル思考』p.292

NOW WHAT? 今、何をするべきか？

1：重要なプロジェクト（1つ）

- _____

2：緊急かつ重要なタスク（2つ）

- _____

- _____

3：日々のメンテナンス項目（3つ）

- _____

- _____

- _____

その他のタスク/備考

- _____

- _____

- _____

- _____

- _____

- _____

- _____

- _____

TUESDAY ＿＿ / ＿＿

WHAT? 何が起こっているか？

_____

_____

_____

_____

_____

_____

SO WHAT? それは何を意味しているのか？

_____

_____

_____

_____

【 今日のチャレンジ 】

予測不可能な世界において、予期せぬ事態は必ず起こるものだ。
重要なタスクやプロジェクトにバッファを設けておけば、予期せぬ事態に備えられる。
最重要タスクの実行計画に50%のバッファを組み込んでみよう。
とくに大きな転換期には、100%から200%のバッファを考慮しよう。

——グレッグ・マキューン・ポッドキャスト、エピソード211

NOW WHAT?　今、何をするべきか？

1：重要なプロジェクト（1つ）

- _____

2：緊急かつ重要なタスク（2つ）

- _____

- _____

3：日々のメンテナンス項目（3つ）

- _____

- _____

- _____

その他のタスク/備考

- _____

- _____

- _____

- _____

- _____

- _____

- _____

- _____

WEDNESDAY ＿＿ /＿＿

WHAT? 何が起こっているか？

_____

_____

_____

_____

_____

_____

SO WHAT? それは何を意味しているのか？

_____

_____

_____

_____

エッセンシャル思考の人は、目と耳がいい。すべてに注意を向けることが不可能だと知っているので、話の空白を聞き、行間を読む。それに対して非エッセンシャル思考の人は、耳を傾けてはいるけれど、いつも何かを言う準備をしている。無関係な細部に気を取られ、瑣末な情報にこだわってしまう。自分がコメントすることばかり考えていて、話の本質がつかめない。

──『エッセンシャル思考』p.101

NOW WHAT? 今、何をするべきか？

1：重要なプロジェクト（1つ）

- _____

2：緊急かつ重要なタスク（2つ）

- _____

- _____

3：日々のメンテナンス項目（3つ）

- _____

- _____

- _____

その他のタスク/備考

- _____

- _____

- _____

- _____

- _____

- _____

- _____

- _____

THURSDAY ___ / ___

WHAT? 何が起こっているか？

_____

_____

_____

_____

_____

_____

SO WHAT? それは何を意味しているのか？

_____

_____

_____

_____

【 今日のチャレンジ 】

FOMO（世間の情報や動きに取り残される不安）に傷つけられるか、
うまく力にできるかは、自分次第だ。
次の小さなステップで、FOMOを味方につけよう。

1：自分だけ取り残されていないかと不安に感じたら、まずその感情を自覚する
2：それは単なる嫉妬か、それとも自分のやるべきことへの気づきか？と自問する
3：今週のカレンダーに、この問題を掘り下げるための時間を確保する

──1分間ニュースレター

NOW WHAT? 今、何をするべきか？

1: 重要なプロジェクト（1つ）

- _____

2: 緊急かつ重要なタスク（2つ）

- _____

- _____

3: 日々のメンテナンス項目（3つ）

- _____

- _____

- _____

その他のタスク/備考

- _____

- _____

- _____

- _____

- _____

- _____

- _____

- _____

FRIDAY ＿＿ / ＿＿

WHAT? 何が起こっているか？

SO WHAT? それは何を意味しているのか？

やることが多すぎて何から手をつけていいか
わからなくなったら、まずは考えるのをやめて、
深呼吸をすることだ。
心を落ちつけて、今この瞬間に何が重要かを考えよう。
明日のことや、1時間後のことは忘れていい。
今だけを見るのだ。

――『エッセンシャル思考』p.276

NOW WHAT? 今、何をするべきか？

1：重要なプロジェクト（1つ）

- _____

2：緊急かつ重要なタスク（2つ）

- _____

- _____

3：日々のメンテナンス項目（3つ）

- _____

- _____

- _____

その他のタスク/備考

- _____

- _____

- _____

- _____

- _____

- _____

- _____

- _____

SATURDAY ＿＿ /＿＿

WHAT?　何が起こっているか？

SO WHAT?　それは何を意味しているのか？

【 今日のチャレンジ 】

せっかく集中していたのに、嫌な内容のメールが届いて
生産性が台無しになったことはないだろうか。
1分間リセットで、うまく集中状態に戻ろう。

1： ノートのページいっぱいに、人生のポジティブな真実を書きだす
　　（大きな達成、成長を示すできごと、好きな思い出など）

2： 嫌な感情に圧倒されたら、そのページを開いて1分間読み返す

——1分間ニュースレター

NOW WHAT? 今、何をするべきか？

1：重要なプロジェクト（1つ）

- _____

2：緊急かつ重要なタスク（2つ）

- _____

- _____

3：日々のメンテナンス項目（3つ）

- _____

- _____

- _____

その他のタスク/備考

- _____

- _____

- _____

- _____

- _____

- _____

- _____

- _____

SUNDAY ＿＿／＿＿

WHAT? 何が起こっているか？

SO WHAT? それは何を意味しているのか？

遊びは発想を豊かにしてくれる。
新たなアイデアが生まれ、
古いアイデアが新たな命を得る。
好奇心が刺激され、
未知のものを知りたいという意欲がわいてくる。
──『エッセンシャル思考』p.112

NOW WHAT?　今、何をするべきか？

1：重要なプロジェクト（1つ）

- _____

2：緊急かつ重要なタスク（2つ）

- _____

- _____

3：日々のメンテナンス項目（3つ）

- _____

- _____

- _____

その他のタスク/備考

- _____

- _____

- _____

- _____

- _____

- _____

- _____

- _____

Week 12 の振り返り
REFLECTION

ステップ 1
ラディカルな感謝を実践する

1週間を振り返って、感謝すべきことを5つ書きだそう
（厳しい状況にも、あえて感謝してみよう）

- _____
- _____
- _____
- _____
- _____

ステップ 2
今後の予定をプレビューする

カレンダーを見て、
この先1週間の主要な予定を書きだそう

- _____
- _____
- _____
- _____
- _____

ステップ 3

意図的に投資し、冷静に手を引く

もっと注力するべき重要な
分野は何か？

- _____
- _____
- _____

リソースを費やしすぎている
分野は何か？

- _____
- _____
- _____

ステップ 4

来週の目標を決める

これから1週間で達成したい
重要な目標を3つ、決定しよう

- _____
- _____
- _____

NOTES

もっと知りたい人のために

エッセンシャル思考についてさらに知るために、以下のリソースをご活用ください。

書籍『エッセンシャル思考』と『エフォートレス思考』

ニューヨーク・タイムズ紙のベストセラーとなったこれらの著書は合わせて300万部以上を売り上げ、世界40カ国で翻訳されています。

エッセンシャル思考
https://kanki-pub.co.jp/pub/book/9784761270438/

エフォートレス思考
https://kanki-pub.co.jp/pub/book/9784761275815/

1分間ニュースレター

以下のウェブサイトに登録すると、著者マキューン氏のニュースレター（英語）が毎週配信されます。バックナンバーもご覧になれます。

gregmckeown.com/1mw

グレッグ・マキューンのポッドキャスト

著者マキューン氏によるポッドキャスト（英語）。最優先事項に注力し、より少ない努力でより良い成果を出す方法をライブ感たっぷりにお届けします。

gregmckeown.com/podcast

エッセンシャル思考アカデミー

著者マキューン氏の主催するオンラインコース。動画や学習教材など、エッセンシャル思考をより深く知るための実用的なコンテンツが満載です（英語のみ）。

Essentialism.com

【著者紹介】

グレッグ・マキューン（Greg McKeown）

◎──McKeown Inc. のCEO。アドビ、アップル、グーグル、フェイスブック、ピクサー、セールスフォース・ドットコム、シマンテック、ツイッター、VMWare、ヤフーなど名だたる企業のコンサルティングをおこなう。著書『エッセンシャル思考』『エフォートレス思考』（いずれも小社刊）は全米ベストセラーとなり、日本を含む世界40カ国で翻訳された。ハーバード・ビジネス・レビューやリンクトインに人気ブログを寄稿し、講演家やポッドキャスターとしても人気が高い。オンラインコース「エッセンシャル思考アカデミー」には世界100カ国から受講者が集まり、毎週水曜日に配信される「1分間ニュースレター」の購読者は20万人を突破した。スタンフォード大学で MBA を取得、ケンブリッジ大学博士過程在籍。

【訳者紹介】

高橋　璃子（Rico Takahashi）

◎──翻訳家。京都大学卒業、ラインワール応用科学大学修士課程修了（MSc）。訳書に『エッセンシャル思考』『エフォートレス思考』『限りある時間の使い方』（いずれも小社刊）、『エブリデイ・ユートピア』『アダム・スミスの夕食を作ったのは誰か？』『あなたのセックスが楽しくないのは資本主義のせいかもしれない』（いずれも河出書房新社）などがある。

エッセンシャル思考ワークブック

2025年1月20日　　第1刷発行

著　者──グレッグ・マキューン
訳　者──高橋　璃子
発行者──齊藤　龍男
発行所──株式会社かんき出版
　　　　　東京都千代田区麴町4-1-4 西脇ビル　〒102-0083
　　　　　電話　営業部：03（3262）8011㈹　編集部：03（3262）8012㈹
　　　　　FAX　03（3234）4421　　　　　　振替　00100-2-62304
　　　　　https://kanki-pub.co.jp/
印刷所──ベクトル印刷株式会社

乱丁・落丁本はお取り替えいたします。購入した書店名を明記して、小社へお送りください。
ただし、古書店で購入された場合は、お取り替えできません。
本書の一部・もしくは全部の無断転載・複製複写、デジタルデータ化、放送、データ配信などをすることは、法律で認められた場合を除いて、著作権の侵害となります。
ⒸRico Takahashi 2025 Printed in JAPAN　ISBN978-4-7612-7780-2 C0030

エッセンシャル思考シリーズのご案内

シリーズ80万部突破！

大事なことを見極める　　　　　　　　無駄な努力をゼロにする

エッセンシャル思考　　　　　　　　**エフォートレス思考**

グレッグ・マキューン著　高橋璃子訳　　グレッグ・マキューン著　高橋璃子訳